RKW RATIONALISIERUNGS-KURATORIUM DER DEUTSCHEN WIRTSCHAFT
Rationalisierungsgemeinschaft »Mensch und Arbeit«

SINNVOLLER ARBEITEN ZUFRIEDENER LEBEN

»Der Mensch und die Rationalisierung«

Eine Gemeinschaftsarbeit Deutscher Betriebsfachleute, Praktischer Psychologen und Arbeits-Physiologen

VERLAG R. OLDENBOURG · MÜNCHEN

ZUM GELEIT

Ist es echte Besinnung oder billige Beschwichtigung eines drängenden Gewissens, wenn wir heute, fast täglich, in Festreden und Vorträgen, in Büchern und Zeitschriften, in der neuen und alten Welt, immer wieder hören und lesen:

»Der Mensch muß im Mittelpunkt des wirtschaftlichen Geschehens stehen!«

Als mit der Entwicklung der Maschinen und Motoren die Arbeit aus der Besinnlichkeit einer Handwerksepoche zur Hast des modernen Tempos anstieg, da wurde der Mensch verdrängt.

Es will so scheinen, als wenn die Sturm- und Drangzeit der Technik in eine besinnlichere Reifezeit hinüberwechselt. Vielerorts wird das Wort des spanischen Philosophen Ortega y Gasset:

»Technik ist die Anstrengung, Anstrengungen zu vermeiden«

aufgegriffen. Nicht Dämon ist die Technik, sondern Helfer dem, der sich ihrer vernünftig zu bedienen versteht.

Das ist vielleicht das Kennzeichen unserer Epoche, daß der von Technik beherrschte Mensch zu ihrem Beherrscher wird.

Wir wollen besser, freier und zufriedener leben, das ist das alte Sehnsuchtsziel der Menschen! Trauern wir doch nicht in tatenloser Resignation der angeblich guten alten Zeit nach, die in Wirklichkeit mit viel mehr Mängeln behaftet war als die unsrige, sondern gestalten wir unser Heute!

Durch diese Schrift wollen wir allen Menschen, die als Geführte oder Führende, Lernende oder Lehrende in die Arbeit verwoben sind, Wege zeigen zu dem Ziele:

SINNVOLLER ARBEITEN – ZUFRIEDENER LEBEN!

Die leichte und humorvolle Form der Schrift soll auch jene zum Lesen anregen, die nach des Tages Hast und Mühe nicht mehr die Zeit zu einem vertieften Studium aufbringen.

RATIONALISIERUNGS KURATORIUM
DER DEUTSCHEN WIRTSCHAFT – RKW
Rationalisierungsgemeinschaft
»Mensch und Arbeit«

Frankfurt, im Januar 1952

Dr.-Ing. e. h. Gustav Frenz **Adolf Jungbluth**

Das Leben ist schön,

wenn es all unseren Erwartungen entspricht, die in dem einen großen Wunsch münden:

ZUFRIEDENHEIT

Der eine sieht als sein Lebensziel ein nettes, gemütliches Heim . . . der andere sehnt sich nach einem ruhigen Lebensabend inmitten von Kindern und Enkeln . . . der dritte möchte auf steiler Leiter in den Himmel des Erfolges steigen . . . wieder ein anderer will reisen, Welt und Menschen kennenlernen . . . und

alle wünschen wir uns Gesundheit und jene Portion guter Dinge, die nun einmal zur Daseinsfreude gehört.

Aber die Erfüllung dieser Wünsche, die das Leben erst lebenswert macht, kostet, da wir leider nicht in eine Märchenwelt hineingeboren sind,

GELD

und das fällt bekanntlich selten vom Himmel. Für den gewöhnlichen Sterblichen gibt es nur einen sicheren und ehrlichen Weg, zu Geld zu kommen:

ARBEIT

Das Wort hat es in sich. Arbeit heißt Anstrengung, Ausdauer, Fleiß. Arbeit erfordert Können. Arbeit verbraucht Willenskraft.

Kein Mensch nimmt es Ihnen übel, wenn Sie auf die Frage:

Arbeiten Sie gerne ?

. . . S o o o o ein Gesicht machen

Wir fragten: **arbeiten Sie gerne?**

und wir bekamen zur Antwort:

von der Stenotypistin B. W.: *Gern arbeiten? Blindschreiben und stenographieren können, englische Korrespondenz — und dafür die paar Mark, für die man heute nicht einmal richtig satt wird! Sie haben Nerven! . . .*

Ungenügende Entlohnung trübt die Arbeitsfreude!

vom Schlosser H. H.: *Ach wissense — Schlosserarbeit! Hat man mir auch nich an der Wiege jesungen. Als kleener Bengel hab ick schon immer am Wecker rumjebastelt. Uhrmacher — det wär's jewesen, det hätte mir Spaß jemacht! Aber sooo . . . Jeden Tag als Schraubstockkuli, det macht mir keene Freude!*

Einsatz im falschen Beruf nimmt die Arbeitslust!

vom Ingenieur A. Z.: *Ich arbeite gerne, d. h. ich würde gerne arbeiten, denn meine Tätigkeit als Konstrukteur ist das Schönste, was ich mir vorstellen kann. Aber ich komme ja nicht dazu! Den ganzen Tag muß ich mich um den leidigen Behördenkram kümmern und mein Reißbrett verstaubt. Was der Papierkrieg unnütz Zeit und Kraft verbraucht . . .*

Arbeit, die der Neigung wiederspricht, befriedigt nicht!

von der Lagerarbeiterin G. M.: *Schauen Sie sich doch die Stellagen an und die engen Treppen! Den ganzen Tag rauf und runter! . . . Vom ewigen Klettern und Bücken bin ich abends hundemüde. Ich fall einfach um. Wenn der Laden nur praktischer eingerichtet wäre!*

Unzweckmäßig eingerichteter Arbeitsplatz ermüdet unnötig und verstimmt!

von dem Schalterbeamten E. A.: *Oh mei', fragen's mi lieber net — ich bin eine geplagte Seel'! Nix macht man den anderen recht! Der Chef raunzt mich an, aber die lieben Kollegen maulen, weil's glauben, grad mich tät er vorziehn. Und den ganzen Tag die grantigen Leut' am Schalter — es ist zum aus der Haut fahren!*

Falsche Menschenbehandlung macht nervös u. ungerecht!

von dem Verkäufer R. W.: *Ich arbeite ja nicht für mich, sondern bloß für den Geldbeutel des „Alten" . . .*

HOPPLA! Diesem Herrn R. W. . .

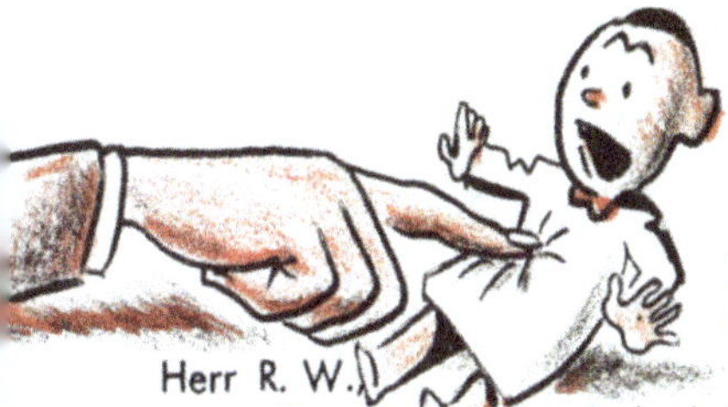

. . . müssen wir noch ein wenig auf den Zahn fühlen. Er hat sich seine Antwort reichlich billig gemacht.

Herr R. W.,
wenn Sie der Ansicht sind, daß Sie ausschließlich für Ihren Chef arbeiten, warum arbeiten Sie dann überhaupt?

R. W.: *Ich muß ja . . .*

Wer zwingt Sie denn dazu?

R. W.: *Die Verhältnisse . . . Wenn ich nicht arbeite, verdiene ich doch nichts! Glauben Sie, ich will verhungern?*

Wollen Sie damit sagen, daß Sie arbeiten, um Ihren Lebensunterhalt bestreiten zu können?

R. W.: *So können Sie's auch ausdrücken.*

Dann arbeiten Sie also letzten Endes doch nicht für den Geldbeutel Ihres Chefs, sondern für sich selbst. Stimmt's?

R. W.: *Natürlich stimmt's? Aber wie Sie gefragt haben, ob ich gern arbeite, da ist mir die Galle hochgekommen. Der Alte kommandiert mich immer herum und ich darf nur springen. Im Ärger redet man leicht dumm daher — ich hab eben nicht nachgedacht!*

Er hat **nicht nachgedacht!**

Macht uns die Arbeit keine Freude, so schieben wir ganz einfach die Schuld daran anderen in die Schuhe: Dem Chef, den Kollegen, den Verhältnissen, dem Betrieb, der Politik und wer weiß wem noch! Andere verantwortlich zu machen, ist ja soviel leichter, als sich den Kopf darüber zu zerbrechen: Woran liegt es, daß ich mit meiner Arbeit und mit meinem Leben unzufrieden bin?

Bitte,
denken Sie doch einmal nach
ob Sie sich Ihre Arbeit, die schließlich getan werden muß, nicht leichter machen können!

Nachdenken . . .
das kostet nichts — und wer nachdenkt, der handelt vernünftig!

Wer mit Vernunft an seine Arbeit geht . . .

RATIONALISIERT seine Arbeit!
(Lateinisch: ratio = Vernunft)

RATIONALISIEREN bedeutet:

Jede Arbeit **planvoll**
zweckmäßig
zeit- u. kraftsparend
zuverlässig
machen!

Rationalisieren heißt:

Sich selbst und den anderen Menschen
das Leben leichter machen!

Denn je rationeller, d. h. vernünftiger die Wirtschaft arbeitet, desto mehr kann produziert werden.

je mehr produziert wird, desto billiger können die Erzeugnisse werden.

je billiger diese Erzeugnisse zu erwerben sind, desto mehr haben Sie von Ihrem Leben!

Wie kann jedes Glied dieser Kette seinen Aufgaben gerecht werden?

Indem JEDER MENSCH
den Beruf erlernt,

1.

der ihm am besten liegt,
zu dem er am besten taugt,
in dem er die besten Aussichten hat.
BERUFSAUSLESE

Indem JEDER MENSCH
für seinen Beruf das erlernt,

2.

was er für seine Ausübung
wissen
und können muß.
BERUFSAUSBILDUNG

Indem JEDER MENSCH
in seinem Beruf

3.

planvoll,
zweckmäßig,
zeit- und kraftsparend arbeitet.
ARBEITSGESTALTUNG

Indem JEDER MENSCH
in seinem Beruf

4.

vernünftig mit seinen Mitmenschen zusammenlebt und zusammenarbeitet, d. h. sich selbst und den anderen das Leben und die Arbeit nicht schwerer macht, als es unbedingt sein muß.
ORDNUNG DER MENSCHLICHEN BEZIEHUNGEN

Von diesen 4 Punkten handeln die folgenden Seiten.

Wir bringen weder eine Gesetzessammlung noch eine Dienstvorschrift. Wir versuchen Sie nicht zu belehren, geschweige denn Sie zu einer Generalbeichte Ihrer Fehler oder Unterlassungssünden zu ermuntern.

Wir wünschen nur, daß diese Schrift Sie anregen möge, über die angeschnittenen Fragen **nachzudenken!**

Bitte lesen Sie erst einmal weiter

1. Berufsauslese

In der guten alten Zeit . . .

gab es keine großen Berufsprobleme. Die Menschen arbeiteten, um ihre bescheidenen täglichen Bedürfnisse zu stillen. Es gab Arbeit und – Muße für alle.

Heute . . .

haben die wissenschaftlichen und technischen Errungenschaften der vergangenen hundert Jahre den Lebens- und Arbeitsrhytmus der Menschen verändert und die Ansprüche des einzelnen erhöht.

Der Konkurrenzkampf ist hart geworden. Wer ihn bestehen will, muß Tag für Tag von neuem seine Tüchtigkeit beweisen.

Nur wer wirklich für seine Arbeit taugt, hat Aussicht auf Erfolg!

Nur wer in jeder Beziehung für seinen Beruf geeignet ist, vermag die wirtschaftliche Leistung zu heben und damit sein eigenes Wohlergehen fördern.

Darum:

Der richtige Mann

an den richtigen Platz!

Ist das nicht ein billiges Schlagwort?

Nein . nur, wenn die Voraussetzungen

Richtige Berufswahl

Richtige Berufsauslese

Richtige Besetzung des Arbeitsplatzes

erfüllt sind, lassen sich die Lebensbedingungen des Einzelnen und der menschlichen Gemeinschaft verbessern.

Die Vorteile, die daraus erwachsen, sind leicht zu nennen:

Der Einzelne gewinnt

- die Gewißheit, daß er imstande ist, sein Bestes zu leisten,
- Freude an seiner Arbeit,
- gute Verdienstmöglichkeiten,
- das Gefühl, in seiner Existenz gesichert zu sein,
- bessere Aufstiegsmöglichkeiten,
- Sicherheit in der Arbeit.

Der Betrieb gewinnt

- Zeit und Geld, denn der Arbeitsplatzwechsel verringert sich, die Produktion wird erhöht und die Ausbildungskosten für die Anzulernenden machen sich voll bezahlt.

Die Gemeinschaft gewinnt

- an innerem Zusammenhalt, denn die Aufstiegsmöglichkeiten bleiben den wirklich Befähigten vorbehalten . . .
  denn die Zusammenarbeit in den Betrieben wird besser, da der Arbeitende wahrhaft in seinem Betrieb verwurzelt und damit weniger anfällig gegenüber Störungsversuchen wird.

Nur ein Beispiel aus der Praxis:

Die durchschnittliche Einnahme eines Straßenbahnschaffners beträgt auf einer bestimmten Stadtstrecke DM 76.–

7 aufmerksame Schaffner erzielen Einnahmen, die über diesem Durchschnitt liegen.

8 Schaffner aber, die nicht voll geeignet sind, erzielen nicht einmal den Durchschnitt.

Diese 8 Schaffner verursachen einen Verlust von
täglich DM 39.– monatlich DM 1170.– jährlich 14140.–

Die Feststellung betrifft eine einzige Straßenbahnlinie. In der gleichen Stadt arbeiten aber täglich 300 Schaffner. Nehmen wir an, es lägen hier dieselben Betriebs- und Leistungsverhältnisse vor, so würde der Verlust betragen
täglich DM 750.– monatlich DM 22500.– jährlich DM 270000.–

Stimmt das nicht nachdenklich?

Überall in der Wirtschaft finden wir Fälle, wo Menschen am falschen Platz stehen. Jeder Berufstätige weiß davon ein Lied zu singen . . .

Der Querulant
in der Gruppe

Die Niete
als Vorgesetzter

Der körperlich Schwache
bei Schwerarbeit

Der Grobian
als Pförtner

Das Nervenbündel
als Personalchef

Die Schlafmütze
am Fließband

Die Frau
als Schauflerin

Der wilde Mann
als Lehrmeister

Aber . . . es ist ja auch kein Wunder, daß derartige Fehlbesetzungen immer wieder vorkommen!

Wer hat denn klare Vorstellungen von den Berufen und Ihren Anforderungen?

Wer ist zum Zeitpunkt seiner Berufswahl schon für eine selbständige Berufsentscheidung reif?

Wer weiß, ob sein Können für den gewünschten Beruf ausreicht?

Ganz zu schweigen von den Nöten der Körperbehinderten!

Wie sollen sie sich wieder sinnvoll in den Arbeitsprozeß eingliedern?

Können sie in ihrem alten Beruf verbleiben?

Oder müssen sie umgeschult werden?

Oder benötigen sie arbeitserleichternde Hilfsmittel?

Jeder von uns braucht einen Wegweiser, um den rechten Weg ins Leben zu finden.

ELTERN MITLESEN.....

Welchen Beruf der Mensch ergreifen **soll,** ganz gleich, ob er alt oder jung, ob er im vollen Besitz seiner Körperkräfte oder körperlich behindert ist, hängt davon ab:

Was er werden **will** was er werden **darf** was er werden **kann.**

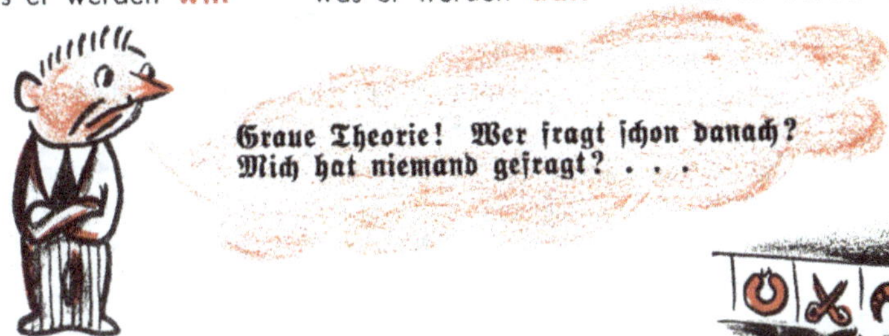

Und dann werden Sie Ihren Erfahrungsschatz auspacken:

Der Vater bestimmt den Beruf . . .
eine Lehrstelle ist schon in Aussicht . . .

der Junge soll schnell Geld verdienen, gleichgültig auf welche Art!

Ihre Erfahrung in Ehren —
sie wird Sie aber auch gelehrt haben, daß durchaus nicht immer etwas Gescheites dabei herauskommt, wenn äußere Einflüsse und Umstände die Berufswahl bestimmen!

Darum schließen Sie sich bitte, wenn auch nur einmal probeweise, unserem Vorgehen an und fragen Sie mit:

Was **willst** Du werden?

. . . ich möchte Ingenieur werden!

Aha, Dich reizt also die Technik!

Dann hör einmal gut zu:

Von 100 Menschen wollen 80 in technische Berufe.
Von 100 Menschen sind aber nur 56 für technische Arbeiten derart begabt, daß sich für sie eine berufliche Ausbildung in dieser Hinsicht rechtfertigen ließe.

24 von den 80 »Technikbegeisterten« müssen also über kurz oder lang versagen, läßt man sie werden, was sie wollen. Ihre begabten Konkurrenten überflügeln sie – sie scheitern im Beruf, im Leben, sie werden unglücklich.

Weißt Du, ob Du wirklich zu den 56 Begabten gehörst?
Du darfst uns glauben: Der Berufswunsch eines Jugendlichen hat selten etwas mit seinen wirklichen Fähigkeiten zu tun.

Hilde will unbedingt zum Film. Vor dem Spiegel sieht sie sich schon als Marrika Rökk.

Sie ist zwar hübsch und versteht sich nett anzuziehen – aber leider hat sie gar kein Talent.

Kapitän auf großer Fahrt zu sein, sei der schönste Beruf, meint Hein, weil der Onkel soviel von seinen Fahrten erzählt hat.

Nur – Mathematik ist seine schwache Seite.

Karl träumt Tag und Nacht davon, Autoschlosser zu werden, weil er in Wolfsburg, wo das Volkswagenwerk steht, großgeworden ist.

Aber leider ist er stark kurzsichtig.

Ein Berufswunsch ist nur dann echt,
wenn er den seelischen, geistigen und körperlichen Anlagen entspricht,
die dieser Beruf erfordert!

Was **darfst** Du werden?

Du wirst Dir natürlich vor Deiner Berufswahl überlegen müssen:
Welche Aussichten bieten sich in den Berufen?
Wo wird Nachwuchs gebraucht?
Welche beruflichen Möglichkeiten werden durch den technischen Fortschritt geschaffen?
Diese Überlegungen sind äußerst wichtig, sie bestimmen mit, was Du werden darfst.
Schließ Dich aber ja nicht den jungen Leuten an, die schnell in einen Beruf hineinspringen, weil er augenblicklich »in Mode« ist, das heißt, weil er zur Zeit verhältnismäßig gute Einnahmen verspricht.

Sonst erlebst Du das immer wiederkehrende, traurige Schauspiel:

Heute verspricht ein Beruf, der einen vorübergehenden dringenden Arbeitsbedarf der Wirtschaft befriedigt, goldene Berge. Tausende drängen, vom Geld gelockt, in diesen Beruf.

Morgen ist die Nachfrage der Wirtschaft nach diesem Beruf abgeflaut oder gar erloschen.
Die meisten der Tausende, die inzwischen diesen Beruf erlernt haben, stehen arbeitslos auf der Straße oder müssen mühsam umlernen.

Die gegenwärtige Wirtschaftslage eines Berufszweiges darf für die Berufswahl nicht ausschlaggebend sein!

Entscheidend für die Berufswahl ist die Befähigung für den Beruf!

Darum wird Dich unsere letzte Frage am nachdrücklichsten beschäftigen ...

Was **kannst** Du werden?

Jeder Beruf, jede Tätigkeit stellt ganz spezielle seelische, geistige und körperliche Anforderungen an den Menschen.
Willst Du erfolgreich in Deinem Beruf sein, so mußt Du vor allem jene Anlagen in ausreichendem Maße besitzen, die den besonderen Anforderungen Deiner späteren Tätigkeit entsprechen.

Auf den **Begabungs-Schwerpunkt** kommt es an!

Wie wir schon früher festgestellt haben, verfügen
von 100 Menschen 56 über technische Veranlagung.
Von diesen 100 Menschen
verfügen aber nur 32 über technisch-praktische Veranlagung.

Selbst wenn Du als Kind mit der Eisenbahn gespielt oder später mit dem Metallbaukasten gebastelt hast, so ist dies noch kein Beweis dafür, daß Du Ingenieur werden kannst.

Sind die Anlagen, die Du in dem Beruf, in dem Du ausgebildet werden willst, benötigst, wirklich stark genug bei Dir ausgeprägt?
Für welche Tätigkeit bist Du Deinen Anlagen nach am besten geeignet?
Auf diese Fragen gibt Dir die Eignungsuntersuchung unmißverständliche Antwort.

Die **Prüfung**

Deiner Anlagen vor der Berufswahl und erst recht vor der Berufsausbildung ist lebenswichtig für Dich wie für die Gemeinschaft!

Jeder soll in den Beruf,
für den er sich eignet und für den Bedarf in der Wirtschaft vorhanden ist!

Wie stellen wir fest, wofür Du Dich eignest?

Durch Schulzeugnisse? Die allein sagen zu wenig über die Berufseignung aus.

Durch Empfehlungen? Sie helfen wohl in vielen Fällen weiter – aber kommst dadurch auch sicher in den richtigen Beruf?

Durch Eignungsuntersuchungen?

Was ist denn das eigentlich, eine Eignungs-Untersuchung? Schon wieder eine Prüfung?

Keine Angst! Eine Untersuchung! Ihr Sinn ist nicht, Dir Deinen Lebensweg zu verbauen, sondern Dir den rechten Weg zu weisen!

Und wer untersucht?

Der Arzt untersucht Dich und stellt fest, für welche Berufe Du körperlich geeignet wärst.

Der Lehrer kennt Dich nun schon eine Reihe von Jahren. Er weiß was Du kannst u. was Dir schwer fällt.

Der Psychologe stellt Deine besonderen geistig-seelischen Anlagen und Neigungen fest.

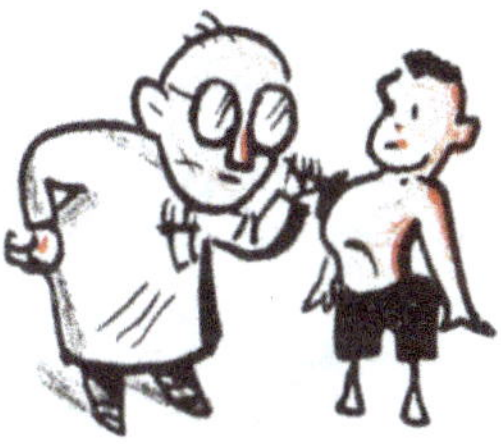

Der Berufsberater sammelt diese Unterlagen, um daraus ein umfassendes Bild Deiner Fähigkeiten zu gewinnen. Er weiß außerdem über die Aussichten in den einzelnen Berufen und über die offenen Lehrstellen Bescheid. Er wird Dich nunmehr gut beraten.

Die **Eignungs-Untersuchung** gibt die beste Gewähr **für richtige Berufswahl!**

Ist es nicht klüger und einfacher, sich der kleinen Mühe der Untersuchung und Beratung zu unterziehen, als Gefahr zu laufen, eines Tages im Beruf zu scheitern?

Und nun ein ernstes Wort an Sie, liebe Eltern

Kümmern Sie sich um die richtige Berufswahl Ihrer Kinder! Damit ebnen Sie ihnen den Weg ins Leben.

Bitte, machen Sie sich nicht erst im letzten Augenblick, das heißt, ein paar Wochen vor Schulabgang darüber Gedanken, schauen Sie sich nicht erst dann nach irgendeiner Lehrstelle um,

sondern sprechen Sie rechtzeitig mit dem Lehrer des Kindes, wenden Sie sich rechtzeitig an den Berufsberater beim Arbeitsamt!

und Sie, lieber Lehrherr!

Wollen Sie sich nicht den geeigneten Lehrling sichern?
Glauben Sie nicht, daß Sie damit viel Zeit und Ärger sparen?

Berufsauslese gab es schon in den Zeiten der Zünfte . . .
nur haben wir heute bewährtere Methoden. Bitte – bedienen Sie sich!

Auch Ihnen hilft der Berufsberater!

2 Berufsausbildung

Es ist noch kein Meister vom Himmel gefallen ... noch ein jeder hat sich Schritt um Schritt über alle Zacken und Schlünde der Schule und der Lehre zum Gipfel des Erfolges hinaufarbeiten müssen.

Kein Zweifel, der Ausbildungsweg ist beschwerlich. Darum lohnt es sich wohl, darüber nachzudenken, wie er am besten zu bewältigen ist. Halten wir uns ganz einfach an den Grundsatz erfahrener Bergsteiger:

Wirst Du ihn mit Deinen Kräften bezwingen können?
Bist Du Dir über den Weg, den Du begehen willst, im klaren?
Wo ist der Einstieg?
Wo sind die besten Griffe?
Wo ist die Markierung?

Nun, die ersten Markierungen auf unserem Weg in den Beruf sind bekannt:

Ein kurzer Weg führt über die **Anlernung**
zu dem Ziel: Spezialarbeiter

Länger ist der Weg über die **praktische Lehre**

Die notwendigen Ergänzungen
gibt dazu die

Wer diese Ausbildung mit der bestandenen
Lehrabschlußprüfung
hinter sich gebracht hat, der hat schon bewiesen, daß er in seinem Beruf etwas zu leisten vermag.

Wer aber berufliche Meisterschaft erringen, wer die Gipfel leitender Stellungen erobern will, muß sich seinen Weg weiterbahnen

in **Fachlehrgängen**

in **Meisterkursen**

auf **Fachschulen**

auf **Hochschulen**

DIE MUHEN DES AUFSTIEGS LOHNEN SICH!

... die Wirtschaft braucht:

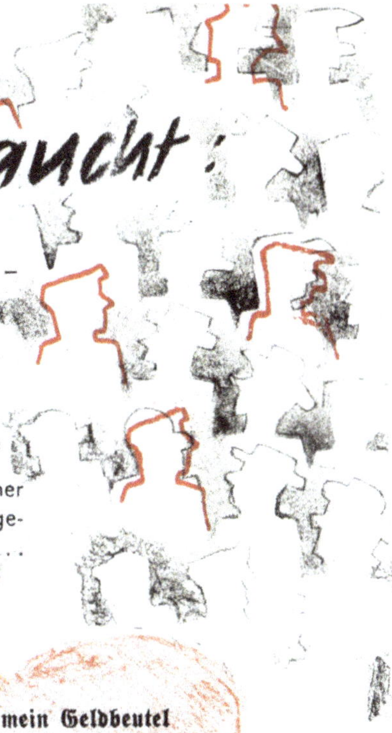

neben vielen Hilfskräften
gutausgebildete Fachleute
hochqualifizierte Spezialisten –
Menschen, die fähig sind,
zu planen und zu leiten!

Mehr als die Hälfte aller Arbeitsplätze

stehen nur solchen Berufstätigen offen, die von einer der erwähnten Ausbildungsmöglichkeiten Gebrauch gemacht haben. Mehr als die Hälfte aller Arbeitsplätze ...

und zwar die besser bezahlten!

„Leicht gesagt — aber leider ist mein Geldbeutel nicht so dick, daß ich mir eine lange Ausbildung leisten kann!"

Natürlich kostet Ausbildung Geld. Aber denk an die Aufstiegsmöglichkeiten, die Du Dir damit eröffnen kannst! Außerdem

mit **Fleiß**,

mit **Tüchtigkeit**,

und mit **Sparsamkeit**

kannst Du Dir auch bei kleinstem Geldbeutel die beste Ausbildung gestatten!

WER GRÜNDLICH LERNT UND IMMER AN SICH ARBEITET, ERWEITERT SEINE BERUFLICHEN MÖGLICHKEITEN!

Ach was, Lernen ist garnicht so schwer

Natürlich gehört ein bißchen Begabung dazu – auch Fleiß, Energie und Ausdauer mußt Du aufbringen . . .

aber der Ausbilder wird Dir helfen!

BEWÄHRTE LEHRMETHODEN FÜHREN ZUM ERFOLG!

Je nach seiner Persönlichkeit und praktischen Erfahrung wird freilich jeder Ausbilder die Lehraufgabe anders anpacken. Auch die Lehrlinge, der Lehrstoff und das Ausbildungsziel werden von Fall zu Fall verschieden sein . . .

. . . immer aber gelten folgende

GRUNDSÄTZE FÜR DIE PRAKTISCHE AUSBILDUNG:

Übung erreicht man durch	Vormachen · Nachmachenlassen · Übenlassen · Beherrschen
Wissen erreicht man durch	Erklären · Nachfragen Korrigieren · Wiederholen zum besseren Behalten
Fehlererkenntnis erreicht man durch	Beobachten und Erkennen · Ursachen des Fehlers finden · Ursachen des Fehlers beseitigen · Fehler beseitigen

WIE SIE WÜNSCHEN – ES GEHT AUCH ANDERS

3 Arbeitsgestaltung

WARUM MACHT IHNEN DIE ARBEIT KEINE FREUDE

Stellen Sie einmal einer Reihe berufstätiger Menschen diese Frage und Sie werden entdecken, daß an ihrer Arbeitsunlust in erschreckend vielen Fällen schlechte äußere Arbeitsbedingungen die Schuld tragen.

Hier kümmert sich niemand darum, wie die Werkstatt aussieht. So eine Bruchbude! Man kann im Dreck verkommen! . . .

Keine Ventilatoren im Kesselraum! In der Hitze und Stickluft komme ich fast um vor Müdigkeit und Durst . . .

Bei so einem Lärm soll ich nun meine Berechnungen machen! Muß denn mein Büro ausgerechnet in der Werkstatt liegen?

Meine Augen sind so überanstrengt von dem schlechten Licht, daß ich ständig Kopfschmerzen habe . . .

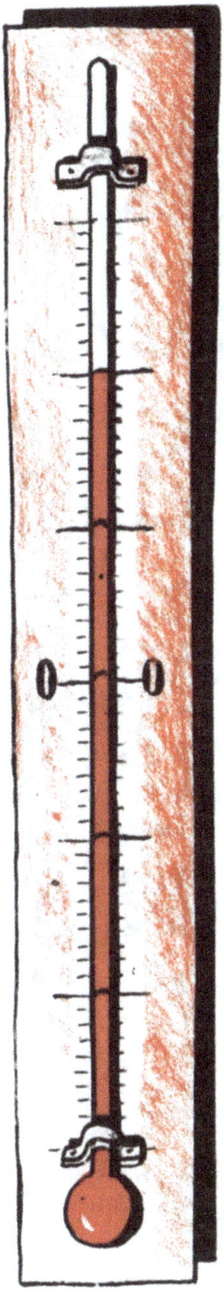

Macht durch richtige Beheizung den Arbeitsraum erträglich!

... Meine Hände sind ganz klamm, ich kann schon die Tasten nicht mehr finden ...

... mir sind die Gedanken eingefroren!

... Bei so einer Bluatshitz' da gehst ja glei drauf!

Beachten Sie:

Je leichter die Arbeit, umso wärmer muß der Raum sein!

Je schwerer die Arbeit, umso kühler kann der Raum sein!

Räume mit mehreren Außenwänden oder unbeheizten Nebenräumen, mit kaltem Fußboden oder kalter Decke müssen stärker beheizt werden als Räume mit warmen Wänden:

Ein behagliches Klima hängt nicht allein von der Lufttemperatur ab, sondern auch von der Temperatur der umgebenden Wände und von einer angemessenen Luftfeuchtigkeit!

Zuerst die Temperatur im Raum messen und danach die Beheizung des Raums abstimmen!

Schützt den Arbeiter vor Hitzeschäden!

Abhilfe gegen S t r a h l u n g s h i t z e !
Blanke Metallflächen (Weißbleche, Aluminiumbleche, Nirostableche) zwischen dem Arbeitenden und dem Strahlungsherd aufstellen. Sie reflektieren den größten Teil der Strahlung und sind ungleich wirksamer als ein dunkler Strahlungsschutz.

Abhilfe gegen t r o c k e n e , w a r m e L u f t !
Für ständige kräftige Zufuhr von frischer Luft sorgen. Luftbewegung hilft dem Menschen Schweiß verdunsten. Aber Zugluft, d. h. einen zu kalten, gerichteten Luftstrahl vermeiden! Sonst gibt es ein steifes Genick, Hexenschuß oder gar Rheuma.

Abhilfe gegen D a m p f und f e u c h t e H i t z e !
Trockene Luft zuführen oder die feuchten Dämpfe absaugen. Bei zu hoher Luftfeuchtigkeit staut sich die Wärme im Körper – der Schweiß kann nicht verdunsten. Hitzschlaggefahr!

. . . und V o r s i c h t b e i m T r i n k e n !
Hitzearbeit macht natürlich durstig. Der Körper braucht ständig Feuchtigkeitszufuhr, um Schweiß verdunsten zu können.

Vernünftig trinken ist gesund!

W a s soll man trinken?	Handwarme Getränke. (Tee mit Traubenzucker). Nichts Kaltes! Wasser mit einer Prise Salz nur bei gelegentlichen Spitzenanforderungen!
W i e soll man trinken?	Oft in kleinen Portionen, aber nicht viel auf einmal!
W i e v i e l soll man trinken?	D e r N e u l i n g : Weniger als er gern möchte. D e r e r f a h r e n e H i t z e a r b e i t e r : Entsprechend seinem Durst. Aber nicht über den Durst!

Vermeidet unnötigen Lärm!

Ist Lärm die »Musik der Arbeit«?

Nein! Dies unsinnige Schlagwort hat bestimmt ein Schreibtischmensch erfunden, der nie acht Stunden lang in einem dröhnenden Maschinensaal arbeiten mußte!

Lärm ist gefährlich!

Er beeinträchtigt die Aufmerksamkeit, setzt die Arbeitsleistung herab und trägt zur Vermehrung der Unfälle bei. Plötzlich und harteinsetzende Geräusche erschrecken, langandauernde hohe Töne durchdringen Mark und Bein.

Lärm ist schädlich!

Die Beeinträchtigung des Gehörs, die bis zur völligen Taubheit führen kann, ist nur einer der zahlreichen möglichen Schäden. Reizbarkeit, Schwindel, Zittern der Finger, Magen- und Herzbeschwerden können die Folge langdauernder Lärmeinwirkung sein.

Lärm stört!

An den Lärm, den man selbst bei seiner Arbeit macht, kann man sich mit der Zeit gewöhnen. Aber der Lärm, den der andere macht, bringt uns immer wieder aus der Fassung.

Auch »leiser Lärm« vermag die Konzentration zu stören. Haben Sie schon einmal versucht, in einem Raum, in dem die Kollegen sich ungeniert unterhielten, angestrengt nachzudenken?

Was kann man gegen den Lärm tun?

1. Lärmende Arbeitsplätze räumlich zusammenlegen und von weniger geräuschvollen trennen!
2. Laute Arbeitsprozesse möglichst zeitlich zusammenfassen!
3. Lärmausbreitung durch Schalldämpfung (Verkleidungen usw.) vermindern!
4. Bei Neuanschaffungen von Maschinen daran denken, daß die lärmende Maschine immer die teuere ist, weil sie die kostbare menschliche Arbeitskraft verringert!
5. Rücksicht nehmen! Mach' nicht mehr Lärm bei der Arbeit als unbedingt nötig ist!

Vermeidet unnötigen Lärm!

Wie die Stärke des Lichts, so ist auch die Stärke des Schalls meßbar.

Die Meßeinheit ist »Phon«.

An der untenstehenden Tabelle können Sie verfolgen, wie Geräusche, die durch einzelne Arbeitsverrichtungen hervorgerufen werden, auf den Organismus des – unfreiwillig zuhörenden – Menschen einwirken.

	Phon
Verstemmen mit Preßlufthammer	130
Verstemmen mit Preßlufthammer (in 2 m Abstand)	120
Kesselschmiede, Gußputzereien	110
Baumwoll- oder Seiden-Weberei, Schleiferei von Leichtmetall	100
Gesenkschmiede, Motoren-Prüfstand	90
Turbinensaal eines Kraftwerkes	80
	70
Schreibmaschine	60
	50
Umgangssprache	40
	30
Blätterrauschen	20
	10
Beginn der Hörempfindung	0

Richtige Farben — Besseres Arbeiten!

Auch das menschliche Gemüt
ist durch Farben beeinflußbar.

Darum sind wir heute allgemein bestrebt, die Wohnstätten und die Betriebe farbiger und damit freundlicher zu gestalten.

Ein frischgestrichener Arbeitsraum
hält zu Ordnung und Sauberkeit an!

Freundliche Farben schaffen freundliche Stimmung!

Zweckentsprechender Farbanstrich
an Maschine und Gerät
hilft Unfälle verhüten!

Wie sollen die **Maschinen** aussehen?
Nicht schwarz oder dunkelgrau! Die beweglichen Teile werden heller getönt als die feststehenden – dabei zu helle Töne und scharfe Kontraste vermeiden!

z. B. Maschinenkörper:
Mattes braungelb, hellgrau, hellgrün
Unmittelbarer Arbeitsbereich:
gelb, creme, hellgrün (im Kontrast zur Farbe der Werkstoffe)

Welche Farben sollen die **Decken** haben?
Weiß oder Elfenbein. In Räumen mit besonders viel Licht kann durch hellblau oder hellgrün die als angenehm empfundene »Freiluftwirkung« erzielt werden.

Wie sollen die **Fußböden** aussehen?
Meist werden dunklere Farbtöne angebracht sein. Weiße Markierungslinien für Wege, Lagerflächen, Arbeitsplätze! Dunkle Ecken und Stufenkanten hell halten!

Richtige Farben — Besseres Arbeiten!

Wie sollen die Wände gestrichen sein?
In unaufdringlicher blasser Beige- oder Grüntönung. Das untere Drittel der gesamten Wandhöhe wird in dunklerer Tönung, in leichtem Kontrast zur Farbe der Maschinen gestrichen. Man kann den Farbanstrich auch bis zu 2,50 m Höhe dem des Maschinenrumpfes angleichen, darüber entsprechend hellere Tönung.

Hier eine Auswahl harmonischer Wand-Farbabstimmungen

Farben beeinflussen auch das »Klima« des Raumes.

Dunkelbeige und hellbeige Farben machen die Atmosphäre des Raumes warm, Blau, Türkis und Grau machen die Atmosphäre eines Raumes kühl

Jedoch . . . der beste Farbanstrich nützt nichts, wenn nicht einwandfreie Beleuchtungsverhältnisse geschaffen sind.

Die Anwendung geeigneter Anstrichfarben muß Hand in Hand gehen mit der sie beeinflussenden natürlichen und künstlichen

Beleuchtung. Darum . . .

Sorgt für gutes Licht!

Wird die Arbeitsstätte ausreichend und zweckmäßig beleuchtet, dann

vermag der Arbeiter rasch und genau zu erkennen

d. h. ungestört zu produzieren und den Ausschuß gering zu halten –

werden die Augen des Arbeitenden nicht überanstrengt,

d. h. Sehbeschwerden und frühzeitige Ermüdung werden vermieden –

kann der Arbeitsplatz sauber und übersichtlich gehalten werden,

d. h. der Arbeiter kann den Raum besser ausnützen und verliert nicht lange Zeit zum Suchen –

wird die Unfallmöglichkeit herabgesetzt.

Wie soll der Arbeitsraum beleuchtet werden?

Eine Lichtquelle, die nur einen einzigen Arbeitsplatz beleuchtet, ist angebracht,

- wenn nur einige Maschinen vorhanden sind,
- wenn Arbeiten verschiedener Feinheitsgrade ausgeführt werden,
- wenn die Lichtrichtung eingestellt werden muß (bei Steppen, Innendrehen usw.)
- wenn nur an wenigen Arbeitsplätzen viel Licht gebraucht wird.

In Werkstätten – in Büroräumen und bei Montagearbeiten wird eine Beleuchtungsanlage, die alle Arbeitsplätze gleichmäßig erhellt, günstiger sein.

Vergessen Sie nicht: Allgemein-Beleuchtung gibt dem Arbeiter das Gefühl, in einer großen Gemeinschaft zu stehen.

Reine Platz-Beleuchtung bei sonst dunklerem Arbeitsraum erschwert den Überblick und läßt das Auge leicht ermüden.

Beleuchtet die Arbeitsplätze richtig!

»Stimmt es, daß Zwielicht die Augen verdirbt?«

Nein! Zugabe von Tageslicht zu künstlichem Licht erhöht die Gleichmäßigkeit der Beleuchtung und ist nicht schädlich für das Auge.

Schädlich ist aber

Blendung,

ganz gleich, ob das blendende Licht unmittelbar im Blickfeld des Arbeitenden oder außerhalb davon liegt. Blendung bedeutet nicht nur Belästigung, sie bewirkt ständige Verminderung der Sehkraft u. damit Leistungsminderung.

Abhilfe:

Bei Reflexblendung Lichtquelle zur Seite hin verschieben. Wenn als Notbehelf Augenschirme getragen werden, muß deren den Augen zugekehrte Fläche weiß sein!

Schädlich ist unstetes Licht.

Das flimmernde Licht der Gasentladungs- oder Leuchtstofflampen (Wechselstrom) kann bewegte Teile stehend oder in der Drehrichtung verändert erscheinen lassen.

Abhilfe:

Verwendung geeigneter Schaltungen oder Benutzung von Quecksilberdampf-Mischlichtlampen.

Schädlich ist falsche Schattenbildung.

Bei harten Schatten gehen im allgemeinen Feinheiten verloren. Völlige Schattenfreiheit erschwert das räumliche Sehen.

Abhilfe:

Braucht man harte Schatten, Tiefstrahler verwenden! Braucht man weiche Schatten, nimmt man halbindirekte oder indirekte Beleuchtung oder Leuchtbänder; und natürlich

Schädlich ist

zu schwache oder
zu starke Beleuchtung.

Die Beleuchtungsstärke hängt ganz von der jeweiligen Arbeit ab.

Noch eine kleine, aber oft recht notwendige Mahnung!

Staubwischen!

Die Staubschicht auf den Beleuchtungskörpern kann schon nach drei Monaten die Lichtstärke um 10 – 50 Prozent vermindert haben.

Es geht um Ihr Augenlicht!

Muß ein Arbeitsplatz unbedingt unbequem sein?

Müssen Sie z. B. immer bei Ihrer Arbeit s t e h e n?

Lange stehen ist ungesund!

Die Folgen:

Blutleere im Kopf Müdigkeit
und noch viele andere Schäden.

. . . Plattfüße und Krampfadern sind auch keine Zierde!

Darum:
Wenn es nur irgendwie geht,

Sitzgelegenheiten schaffen!

Aber r i c h t i g müssen sie sein!

Ganz unter uns, Herr Betriebsleiter

Sind die Maschinen in Ihrem Betrieb wirklich so mühelos wie möglich zu bedienen?

Wir sind uns doch einig:

Die Maschine ist für den Menschen da,

nicht der Mensch für die Maschine!

Maschinen sollen die menschliche Arbeit erleichtern, also müssen ihre Handgriffe, Handräder, Pedale usw. so angeordnet sein, daß der Mensch ohne unnötige Anstrengung mit ihnen umgehen kann.

So soll es sein –

und nicht so!

Zweckmäßige Haltevorrichtungen

sparen kostbare menschliche Arbeitskraft, mindern die Gefahr körperlicher Verletzungen, schützen vor frühzeitiger Ermüdung.

Also so –

und nicht so!

Spart menschliche Körperkräfte!

H a b e n S i e e i n e A h n u n g . . .

welches **der teuerste Brennstoff der Welt** ist?

FALSCH GERATEN

Es sind die menschlichen Nahrungsmittel

Je schwerer der Mensch arbeiten muß, desto mehr Nahrungsmittel muß er zu sich nehmen.

Der Heizwert eines Brennstoffs wird bekanntlich in Kalorien errechnet.

1000 Kalorien als Kesselkohle kosten rund 1 Pfennig
1000 Kalorien als Nahrungsmittel kosten rund 50 Pfennig

Die Erzeugung von mechanischer Energie durch menschliche Arbeitskraft ist also denkbar unwirtschaftlich!

Arbeitsanstrengung sparen
heißt den Einzelnen vor vorzeitigem Kräfteverfall bewahren!

Wir müssen jede schwere körperliche Arbeit so kraftsparend wie möglich gestalten und die unwirtschaftlichen menschlichen Energien weitgehend durch andere Energien zu ersetzen suchen.

J e d e r k a n n d a b e i m i t h e l f e n!

Es geht um die Gesundheit und das Wohlergehen jedes Einzelnen von uns!
Lohnt es sich also nicht,

n a c h z u d e n k e n . . .

Wie halte ich haus mit meiner Arbeitskraft?

Was man nicht im Kopf hat, muß man in den Beinen haben...

Man spart Zeit und Kraft, wenn man vor jedem Gang überlegt, wie man alles, was man mitzunehmen hat, auf einmal tragen kann.

Bedenken Sie:
Bei jedem Transport müssen Sie Ihr eigenes Körpergewicht mittragen!

EINMAL	ZWEIMAL	FÜNFMAL	ZEHNMAL
wenn Sie 50 kg in 1 Stück von 50 kg tragen	wenn Sie 50 kg in 2 Stücken von 25 kg tragen	wenn Sie 50 kg in 5 Stücken von 10 kg tragen	wenn Sie 50 kg in 10 Stücken von 5 kg tragen

Wer gut schmeert, der gut fährt...

Ein Karren, ein Handwagen, eine Lore ist fortzubewegen. Ein paar Tropfen Öl oder Schmierfett in die Radlager – und schon ist viel Schweiß und Mühe gespart!

Kleine Ursache - große Wirkung

Ein Eisenstab, eine feste Latte, ja oft das nächstbeste Stück Holz helfen, wenn man schwere Gewichte hochzustemmen oder fortzubewegen hat. Am Schwerpunkt des Gewichtes angesetzt, vermag der kleinste Hebel Ihnen die Kräfte eines Riesen zu verleihen!

Natürlich. Aber fallen sie Ihnen immer rechtzeitig ein?

Wie halte ich haus mit meiner Arbeitskraft . . .

. . . beim Lastentragen?

Lasten möglichst auf Griffhöhe aufnehmen.

Man braucht zehnmal soviel Kraft, um ein Gewicht vom Boden weg 1 m hochzuheben, als das gleiche Gewicht 1 m weit zu tragen.

Erlaubt es die Form der Last, so soll sie aus der Kniebeuge aufgenommen werden, nicht im Bücken.

Lastgewichte sollen nicht mehr als 50 – 70 Kilo betragen!
Der Arbeiter kann größere Lasten nicht ohne schnelle Ermüdung, lange Ruhepausen und Überanstrengungsgefahr in Dauerarbeit bewältigen.

Deshalb fort mit den 2 Zentner-Säcken!
Ohne Förderhilfen sind sie unwirtschaftlich und schädigen den Arbeiter!

Wie halte ich haus mit meiner Arbeitskraft?

Jede gute Tragevorrichtung erleichtert den Transport!

Die moderne Schultertrage
Die Handtrage
Der Handgriff

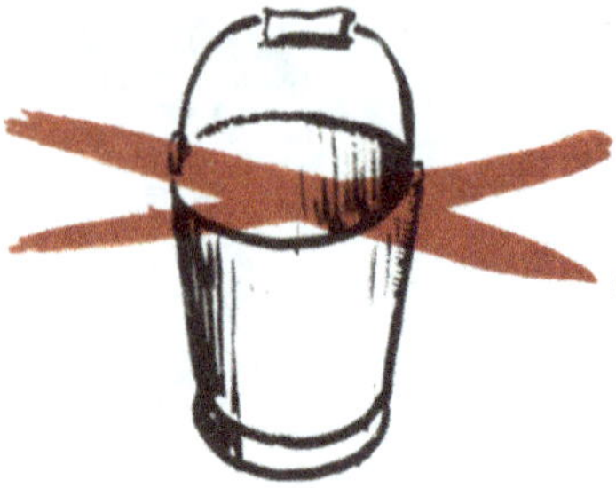

Ovale Eimer, Kannen u. Körbe sind besser als runde

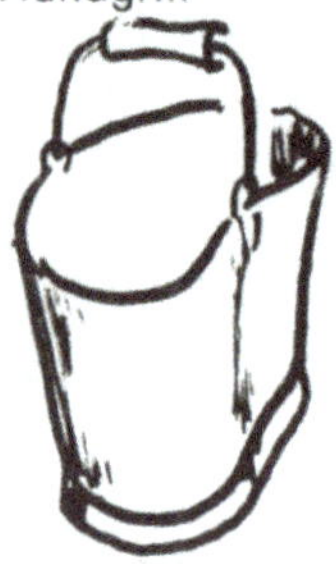

Flache Koffer sind besser als dicke Reisetaschen

Lastentragen in der Ebene

Wie weit kann man mit dem Kaloriengehalt von 5 g Zucker bei normalem Tempo gehen?

ohne Last	420 m
20 kg am Joch	360 m
20 kg im Rucksack	310 m
20 kg auf der Hüfte	270 m
40 kg Sack	200 m
60 kg Sack	130 m

Wie halte ich haus mit meiner Arbeitskraft . . .

beim Schaufeln?

Schipp, schipp, hurra!

Schaufeln ist gewiß eine der anstrengendsten körperlichen Arbeiten. Leider läßt sich diese Tätigkeit nicht durchwegs mit maschinellen Kräften (Bagger usw.) ausführen. Wo sie unvermeidbar ist, gilt folgendes:

Eine Schaufel soll 8 – 10 kg fassen, deshalb ist es notwendig,

für verschiedene Schaufelgüter verschiedene Schaufeln zu verwenden.

für Roheisen	Roteisenstein	Sand, Lehm, Erde, nass	Basaltsteine	Sand, Lehm, Erde, trocken	Stein- oder Braunkohle	Koks
5 dm²	7 dm²	9 dm²	9 dm²	12 dm²	18 dm²	20 dm²

Bei Kies und Kohle schafft man sich zur Erleichterung des Einstechens eine ebene glatte Unterlage (Eisenblech) und schaufelt von dieser weg. Geht das nicht, so schürft man den Haufen schräg ab.

Es ist ein falscher Ehrgeiz, möglichst hoch und weit werfen zu wollen. Die Folge davon ist nur schnelle Ermüdung und Unsicherheit im Werfen. Zur Verkürzung des Wurfwegs die Bordwand des Transportwagens herunterklappen oder ein Transportband aufstellen!

Schnell schaufeln ist besser als langsam schaufeln!

Nur ruhig immer wieder kleine Pausen einschalten – in den Pausen aber auch wirklich rasten!

Wie halte ich haus mit meinen Arbeitskräften . .

beim Schubkarren-Schieben?

So soll eine gute Karre aussehen:

Es gibt nicht viele gute Karrentypen. Die meisten sehen so aus:

Eisenräder nur bei völlig glatter Bahn und in Feuerbetrieben.
Sonst Gummiräder!

Wälzlager statt Gleitlager.

Liegt der Schwerpunkt tief, so hält man die Karre leichter im Gleichgewicht.

Schwerpunkt nahe der Achse erleichtert das Tragen an den Holmen.

Bequeme Handgriffe.

Achten Sie auf eine möglichst glatte Fahrbahn!
(Auf Baustellen mit morastigem Boden einen Bohlenweg legen!)

Gebrauchen Sie die Schubkarre überhaupt nur,
wenn andere Karren nicht verwendet werden können!

Sehen Sie . . . das waren nur einige Beispiele

Genug der Ratschläge

Sie sollten ja nachdenken,
mit welchen Kniffen und Veränderungen sich ihre Tätigkeit leichter, schneller, sicherer und wirtschaftlicher – sagen wir ruhig
rationeller
gestalten läßt.

Sie müssen sich tagtäglich über verschiedene Handgriffe ärgern, die unnötig, schwer oder überflüssig sind.

Sie verwünschen tagtäglich ihr Arbeitsgerät, weil es nicht handlich genug konstruiert ist.

Sie sehen tagtäglich, wie in ihrem Betrieb durch unzureichende Arbeitsorganisation unendlich viel Zeit und Kraft vergeudet wird – und schimpfen auch oft mächtig über die Mißstände, an denen natürlich Sie selbst nicht die Schuld tragen . . .

Mit Ärger und Schimpfen machen Sie nichts besser!

Sie allein wissen, wo Sie der Schuh drückt! Sagen Sie es laut, damit der es hört, der Abhilfe schaffen kann!

Überprüfen Sie jeden Handgriff, den Sie machen müssen, nehmen Sie jedes Gerät, mit dem Sie zu tun haben, unter die Lupe – und wenn Sie irgendwo etwas Verbessernswertes entdeckt haben, dann

machen Sie Verbesserungsvorschläge!

Sie werden sehen:	Jeder vernünftige Betriebsleiter nimmt sie gerne entgegen und erkennt es an, wenn Sie ihm helfen, die Leistung des Betriebes zu erhöhen!
Sie werden sehen:	Ihre Kollegen freuen sich, wenn Ihre Vorschläge auch ihnen die Arbeit erleichtern.
Sie werden sehen:	Auch Sie selbst werden zufrieden sein, denn Sie haben bewiesen, daß Sie fähig sind, selbständig zu denken und zu handeln.
Sie werden sehen:	Nachdenken hilft, befriedigt und bringt häufig eine Prämie!

Muten wir uns und anderen nicht zuviel zu?

Unsere Autos verwöhnen wir . . .
wir fahren sie vorsichtig ein, pflegen sie, schalten mit Gefühl, um das Getriebe zu schonen, denn wir wissen:

Wenn der Motor überanstrengt wird, so lebt er nicht lange. Ein Wagen ist ein Wertobjekt und Reparaturen verschlingen Geld.

Aber wie steht es mit uns selbst?

Ist uns die Gesundheit nicht soviel Wert, wie z. B. ein Auto? Unseren Körper können wir nicht so leicht reparieren lassen!

Überanstrengungen müssen wir mit unserer Gesundheit, ja zuweilen mit dem Leben bezahlen!

Dauerleistungen – und die müssen Sie doch bei Ihrer Arbeit verrichten – sind nur möglich, wenn Sie Ihrem Körper nicht zuviel zumuten!

Wer zuviel auf einmal leisten will, schadet sich selbst und seiner Arbeit!

Gute Arbeitsorganisation!

Sie haben gut reden! Stetig arbeiten, nicht überhetzen, Gesundheit geht kaputt — ist ja alles Quatsch!

Wenn Sie sooo einen Haufen Arbeit vor sich haben, wenn Sie nicht wissen, wo Sie anfangen sollen, wenn Ihnen die Termine im Nacken sitzen, wenn der Chef Sie anbrüllt:

»Sie sind viel zu langweilig! In dem Schneckentempo werden Sie nie fertig! Wozu bezahl' ich Sie überhaupt?!«,

dann behalten Sie mal die Nerven und „überarbeiten" sich nicht!

Na schön . . . aber: Morgen sind Sie ihre Stellung los!

Immer mit der Ruhe, werter Herr!
Sie brauchten gar nicht so laut zu werden, wir haben jedes Wort verstanden.

Sie haben sooo einen Haufen Arbeit? Dürfen wir sehen?

Aha! Das ist also Ihr Arbeitsplatz? Sieht sehr hübsch und einladend aus!

Ein Vorschlag zur Güte

Gute Arbeitsorganisation

Räumen Sie erst einmal auf!

Weg mit dem Kram, den Sie nicht zu Ihrer Arbeit brauchen! So – und dann richten Sie Ihr Arbeitsgerät ordentlich in der Reihenfolge her, in der Sie es benötigen . . .

Jetzt sieht Ihr Arbeitsplatz schon viel ansprechender aus, nicht wahr? Hier finden Sie sich wenigstens zurecht und brauchen nicht lange nach jedem Stück zu suchen.

Besten Dank. Sie werden keine Zeit mehr haben. Sie müssen bestimmt noch andere Leute erziehen. Mir reicht's . . .

Hoppla, nicht davonlaufen! Wir sind noch nicht fertig miteinander. Sollen wir Ihnen denn nicht helfen?

Na, wenn Sie unbedingt wollen . . .

Gut, dann ordnen wir jetzt zusammen das Arbeitsmaterial. Welche Arbeit ist am dringendsten? Die kommt oben auf! Und dann?

Hier — der ganze Stoß ist noch unerledigt . . .

Aber nein, nicht alles auf einmal! Glauben Sie denn, daß Sie alle Aufträge bis morgen schaffen?

Ich muß . . .

Überschätzen Sie sich doch nicht! Sie wissen: Wer zu große Augen hat, verdirbt sich leicht den Magen!

Also, jetzt strengen Sie mal Ihr Köpfchen an . . .

Gute Arbeitsorganisation

Machen Sie sich einen Arbeitsplan:

Was kann ich heute erledigen?

In welcher Reihenfolge erledige ich es am besten?

Wieviel Zeit brauche ich zu den einzelnen Arbeiten?

Was könnte mich bei der Arbeit aufhalten?

Dringende Erledigungen anderer Art?
Verabredete Besuche?
Fehlerkorrekturen?

Wieviel Zeit muß ich für solche Nebenbeschäftigungen rechnen?

Warum denn das alles?

Sie haben es doch schon selbst gesagt:

. . . soo ein Haufen!

Ein ungegliedertes Arbeitspensum lastet wie ein Berg auf Ihrer Seele!

Passen Sie auf, wie Ihnen

die klug eingeteilte Arbeit am aufgeräumten Arbeitsplatz

Freude machen wird!

Alles geht gleich doppelt schnell von der Hand!

Mit guter Arbeitsorganisation ist schon die halbe Arbeit geschafft!

Uff, das war ein schwerer Fall!

Der gute Mann meckert doch zu gerne!

Hören wir uns einmal ein »ganz großes Tier« an, vielleicht finden wir bei einem Chef ein geneigteres Ohr . . .

Gute Arbeitsorganisation

Herr Direktor,
nehmen Sie es uns nicht übel, aber Sie sehen nicht sehr glücklich aus!

Kein Wunder bei dieser Arbeitsüberlastung!

Oh Verzeihung, wir halten Sie natürlich auf! Dürfen wir uns wenigstens kurze Zeit mit Ihrer Sekretärin unterhalten?

Um Himmelswillen, lassen Sie das bleiben. Dann fragen Sie schon lieber mich selbst. Hier muß man ja sowieso alles allein machen . . .

Ach so! Hm, dann verstehen wir allerdings manches . . .

Wenn ich die Arbeit selbst mache, dann weiß ich wenigstens, daß sie richtig erledigt wird!

Beachtlicher Grundsatz!
Dann schreiben Sie wohl auch Ihre Briefe selbst?

Unsinn. Das natürlich nicht. Wozu habe ich denn mein Sekretariat?

Na also, Herr Direktor! Hier erscheint Ihnen eine Arbeitsteilung zweckmäßig zu sein! Denken Sie zu Ende! Dasselbe Prinzip können Sie doch überall in Ihrem Betrieb anwenden!

Und die Moral von der Geschicht:
Verteilen Sie die Arbeiten auf Ihre Mitarbeiter, wie es deren Fähigkeit entspricht! Freilich, Vertrauen von oben nach unten und von unten nach oben gehört dazu! (Darüber sprechen wir noch). Halten Sie sich den Kopf frei für entscheidende Arbeiten!

Durchdachte Arbeitsteilung erhöht die Arbeitsleistung!

Gute Arbeitsorganisation

Mit dem Anordnen allein ist es nicht getan, wenn die Arbeit im Betrieb reibungslos vonstatten gehen soll . . .
ein gutes Stück **Organisationskunst** gehört dazu!

In diesem Büro ist alles verkehrt!

Der Raum ist unpraktisch eingerichtet. Einer behindert den anderen. Keine Ordnung auf den Tischen und in den Schränken. Notwendigste Arbeitsgeräte, sogar Bleistifte, Radiergummi und Anspitzer fehlen.
Die Lohnabrechnung soll der Buchhalter aus dem Kopf machen!
Sein Verrechnen kann teurer kommen als die Anschaffung einer Addiermaschine!

Hier gibt es keine Organisation, sondern nur eine gewachsene Unordnung!

Und wie sollte es in einem idealen Büro aussehen?

Da gibt es ordentliche Arbeitsplätze, übersichtliche Aktenablagen, ausreichendes Bürogerät, zweckmäßige Büromaschinen, zeit- und wegsparende Transportanlagen
und ein vernünftiges Arbeitsverfahren, bei dem jeder weiß, was er zu tun hat!

So . . . sollte es sein!

Stets daran denken:

DAS EINFACHSTE VERFAHREN IST IMMER DAS BESTE!

Gute Arbeitsorganisation

Sie wissen aus eigener Erfahrung, daß es in manchen Betrieben mit der Organisation noch hapert. Und dabei wollen und müssen die Betriebe doch verdienen!

Wie sieht es aber dann erst

in der Verwaltung aus?

Na, jetzt sind wir ja bei einem beliebten Thema angelangt:

Der Amtsschimmel galoppiert!

Ein Beispiel aus der Praxis:

Jeder, der dort zu tun hatte, schlug drei Kreuze. Können Sie sich noch entsinnen, wie wir alle Schlange stehen durften? Schöne Erinnerungen, was?

Und wie hätten S i e alles besser organisiert? H ä t t e n ?! . . .

Das Wohnungsamt in der Stadt X hatte damals täglich von 8 — 13 Uhr im Durchschnitt 400 Personen abzufertigen.

In der Anmeldung saß eine einzige ungeschulte Kraft. Die Menschen stauten sich, drängten, stießen, schimpften. Kein Wunder! Jeder mußte, schon bevor er sich anmelden konnte, stundenlang stehen!

Und erst vor den einzelnen Büros! Dort ging es noch schlimmer zu. Wartezeiten bis zu 4 Stunden waren üblich und wer Pech hatte, kam nicht einmal mehr vor Dienstschluß an die Reihe.

D i e F o l g e d a v o n :

Die Arbeitskräfte des Amtes waren überlastet,
das Publikum unzufrieden, wiederholt
mußte die Polizei Ordnung schaffen.

Gute Arbeitsorganisation

Eines Tages aber . . .

kam den zuständigen Stellen die Erleuchtung:

Wir müssen den Amtsbetrieb besser organisieren!

Und sie organisierten. Wie sieht es in jenem Wohnungsamt heute aus?

Noch immer werden 400 Personen abgefertigt,

aber . . .

Die Auskunft ist jetzt mit drei gut orientierten Arbeitskräften besetzt, die in allen Fragen Bescheid wissen . . .

Die Menschenansammlung ist beseitigt, der Dienstverkehr geht fließend vor sich. Schon in der Anmeldung werden 50% aller Fragenden durch richtige Beantwortung und Beratung abgefertigt (früher nur 5%).

Für die Besucher der einzelnen Büros werden Zulassungskarten mit Tages- und Stundenangabe ausgegeben. Kein Besucher braucht mehr stundenlang oder gar unnötig zu warten.

Die Folge davon:

Die Arbeitskräfte sind nicht mehr überlastet und das Publikum ist zufrieden.

Wunderschön, wenn es überall so wäre . . . hören wir Sie sagen.

Ach ja, schön wäre es!!

Ihr alle, die Ihr in den Betrieben und in der Verwaltung arbeitet, braucht nur nachzudenken und Euch helfen zu lassen, dann würdet Ihr ebenso vernünftig handeln!

4. Ordnung der menschlichen Beziehungen

Hereinspaziert, meine Herrschaften!

Hören Sie und staunen Sie!

Wir führen Ihnen

Szenen aus dem Alltagsleben

vor!

Wundern Sie sich ruhig über das Tun und Treiben einiger Ihrer Mitmenschen,
Lachen Sie,
Schütteln Sie den Kopf!
Sie brauchen sich bestimmt nicht betroffen fühlen,
denn Sie sind ja sicher immer vernünftig!

Vorhang auf!

»EIN STEIN FÄLLT INS WASSER«

1. SZENE — Dienstag, 8 Uhr früh, in einem Betrieb.

Werkmeister Heftig: Aha, da kommt er ja, der feine Maxe! Hat blau gemacht gestern, was? War ja auch so schönes Wetter! Ihnen geht es wohl zu gut, wahrscheinlich verdienen Sie bei uns zu viel!

Arbeiter Klein: Ja, aber — ich habe doch . . .

Werkmeister Heftig: Sparen Sie sich die faulen Ausreden! Schluß! Raus! . . .

(Klein will noch etwas sagen, aber Heftig weist ihm die Tür. Klein geht verbissen ab.)

2. SZENE — Am gleichen Ort, zehn Minuten später.

Arbeiter Mittler: Warum haben Sie denn den Klein fortgeschickt?

Werkmeister Heftig: Da fragen Sie noch? Die letzten Tage war er schon nicht bei der Sache und jetzt bleibt er gleich den ganzen Montag weg! Blau machen gibt's bei uns nicht! Wär noch schöner!

Arbeiter Mittler: Ja, wissen Sie denn nicht, daß seine Frau schwer krank ist? Gestern hat er sie in die Klinik gebracht, sie ist operiert worden!

Werkmeister Heftig: So!? Warum sagt er mir das dann nicht?

Arbeiter Mittler: Sie haben ihn ja nicht zu Wort kommen lassen, sondern gleich losgebrüllt!

Werkmeister Heftig: Was heißt hier gebrüllt? Im übrigen verbitte ich mir Ihre dußlige Kritik!
Hier bestimme ich — und ich weiß selbst, was ich zu tun habe!

3. SZENE — Mittags, in der Kantine.

Arbeiter unter sich: Mensch, der Heftig hat sich was geleistet . . . wie der mit uns umspringt!

Ich möcht nur wissen, wie der's zum Werkmeister gebracht hat!

Kunststück — bei der Schnauze!

. . . und mit dem Betriebsleiter duzt er sich auch!

Angeben, das kann er, mehr aber auch nicht!

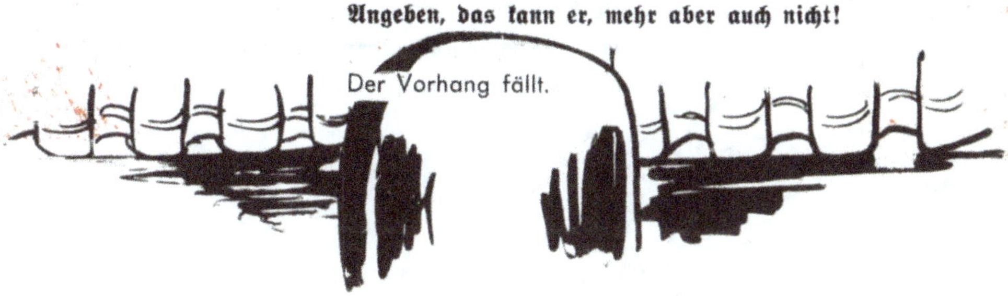

Der Vorhang fällt.

Der Stein ist ins Wasser gefallen,
Immer weiter ziehen die Kreise . . . .

Ein ungerechtes Wort – und
ein Mensch ist zutiefst verletzt,
andere fühlen sich mitbetroffen,
es kommt zu Zank und Beschwerden,
die Arbeitslust einer ganzen Gruppe ist
für lange Zeit dahin!

Muß so etwas passieren?

Was meinen Sie, Herr Betriebsleiter?

Liebe Leute, wo käme ich hin, wenn ich mich um jede Kleinigkeit im Betrieb kümmern würde! Wozu sind denn der Personalchef und der Betriebsrat da? Ich muß mich doch in erster Linie mit Produktions- und Organisationsfragen herumschlagen!

Was meinen Sie, Herr Personalchef?

Ach, Sie dürfen den Fall nicht so wichtig nehmen. Werkmeister Heftig war dem Klein schon lange nicht grün und da sind ihm halt mal die Nerven durchgegangen. Das Ganze ist nicht so tragisch.

Was meinen Sie dazu, Kollege?

Nischt. Das ist ja in einer anderen Abteilung passiert. Was hab' ich damit zu tun? Ich muß mich mit meinen eigenen Vorgesetzten herumärgern . . .

Drei Praktiker haben gesprochen.

Finden Sie ihre Einstellung richtig?

Darf man auf einen solchen Vorfall
mit Gleichgültigkeit, Oberflächlichkeit oder Interesselosigkeit antworten?

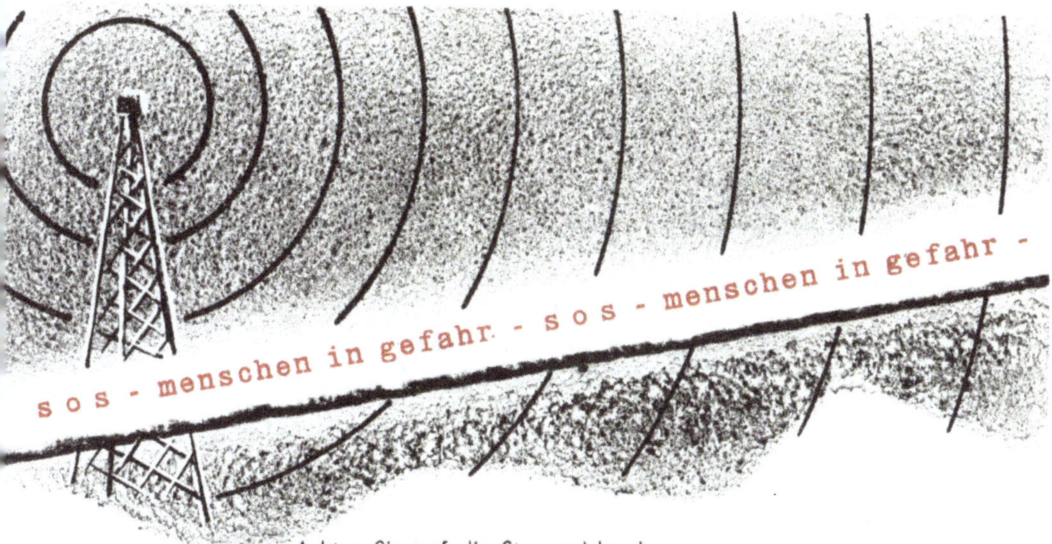

Achten Sie auf die Sturmzeichen!

Wenn häufig Beschwerden einlaufen,
wenn die Krankheits- und Fehlschichten auffallend zunehmen,
wenn die Belegschaft stark wechselt,
wenn Ausschuß und Unfälle steigen,
wenn die Betriebseinrichtungen fahrläßig behandelt werden,

. . . dann fühlt sich der Mensch im Betriebe nicht wohl!

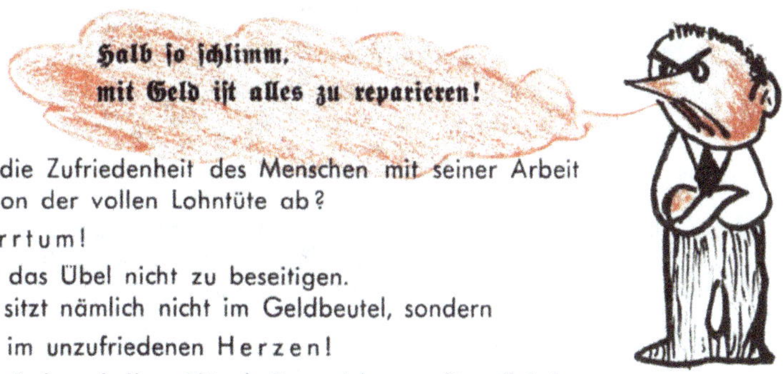

Sie glauben, die Zufriedenheit des Menschen mit seiner Arbeit hinge allein von der vollen Lohntüte ab?

Irrtum!

So einfach ist das Übel nicht zu beseitigen.
Seine Wurzel sitzt nämlich nicht im Geldbeutel, sondern

im unzufriedenen Herzen!

Menschen sind auch Ihre Mitarbeiter, nicht nur Sie allein!
Menschen halten den Organismus des Betriebes am Leben.
Menschen – das wissen Sie aus eigener Erfahrung – können nicht nur körperlich, sondern auch seelisch hungern und erkranken!

Denken Sie daran:

Auf dem seelischen Gleichgewicht des arbeitenden Menschen beruht das Gleichgewicht des Betriebes!

Nur menschliches Mitfühlen und entsprechendes Handeln helfen weiter!

Können Sie sich noch an Ihren ersten Tag im Betrieb entsinnen? Alles war so ungewohnt . . . Sie hatten ein wenig Angst, nicht wahr?

Wissen Sie noch, was Sie sich damals von Ihren künftigen Vorgesetzten und Kollegen erhofften?

Sachliches Verständnis,
freundliches Entgegenkommen
und Hilfsbereitschaft!

Hand aufs Herz!

Wie steht es heute, wo Sie ein alter Fuhrmann im Betrieb sind, mit Ihnen selbst?

Jetzt hört endlich auf mit der Seelenmassage — Engel macht Ihr doch keine aus uns! Wenn ich mal nett zu den anderen bin, dann meinen die höchstens, sie können mit mir machen, was sie wollen!

Seelenmassage?

Nein – wir wollen Sie nur dazu bringen, nachzudenken

Sind wirklich immer die anderen schuld?

Haben Ihre Mitarbeiter nicht genau dieselben Rechte und Wünsche wie Sie?

Doch, das stimmt schon . . .

Na also! Dann schlagen wir Ihnen vor, die Konsequenz daraus zu ziehen und die anderen immer und unermüdlich genau so zu behandeln, wie Sie selbst behandelt werden möchten!

Sie werden staunen!

Herrscht gutes Verstehen im Betrieb, dann geht die Arbeit noch einmal so leicht von der Hand!

Hagelt es aber Tadel, Vorwürfe und böse Worte, dann geht die Arbeitslust bald zum Teufel!

Ob Chef · ob Angestellter · ob Meister · ob Arbeiter

im Betrieb kann jeder helfen, das Verstehen zu fördern . . .

die Arbeit leichter zu machen!

Herr Betriebsleiter,

was können Sie für eine gute Stimmung in Ihrer Belegschaft tun?

Nur gut, daß Sie diese Frage an mich stellen.

Ich habe erkannt:
Pläne, Berechnungen, Kalkulationen mögen so raffiniert ausgeklügelt sein, wie sie wollen – sie schützen nicht vor Mißerfolgen.

Besteht im Betrieb aber

ein gutes Verhältnis von Mensch zu Mensch,

so können auch schwierigste Klippen überwunden werden.

Nur ein Beispiel:
Nach dem Zusammenbruch hatten wir zerstörte Gebäude, keine Maschinen, hatten wir viel wertloses Geld, aber kein Material. Nur ein Wunder konnte bei diesen Beschränkungen den Betrieb erretten. Das Wunder geschah:
Unsere Leute kamen und wollten mit eigenen Kräften den Betrieb wieder aufbauen!

Wenden Sie nicht ein, damals sei Not das Gebot gewesen. Ich betone ausdrücklich – und jeder andere Betriebsleiter wird mir beipflichten:

Ohne die verständnisvolle und freudige Mitarbeit der ganzen Belegschaft hätte ich zu keiner Zeit meine Pläne und Aufgaben durchführen können.

Will ich den menschlichen Ansprüchen meiner Mitarbeiter Genüge tun, so müssen selbstverständlich bestimmte
sachliche Voraussetzungen
erfüllt sein.

Eine klare und übersichtliche Betriebsorganisation

erleichtert die Führungsaufgabe,
denn alle Mitarbeiter erkennen daraus unmißverständlich
ihre Zuständigkeit
ihre Verantwortung und
ihre Aufstiegsmöglichkeiten.
Unklarheit in dieser Hinsicht führt zu Streitigkeiten,
lähmt die Verantwortungsfreudigkeit und damit den ganzen Betriebsapparat.

Sicherung der interessierten Mitarbeit.

Der Betrieb soll ein Stück Heimat sein. Darum ist es notwendig, jeden über alle Vorgänge, die ihn angehen, auf dem Laufenden zu halten und ihn zu positiver Mitarbeit anzuregen.

Entlohnung, die dem Wert der Arbeit entspricht,

sollte eine Selbstverständlichkeit sein. Gründliche Arbeitsstudien ermöglichen eine zuverlässige Bewertung der einzelnen Arbeitsplätze.

Gestaltung des Betriebs zu einem menschenwürdigen Aufenthalt!

Acht Stunden und mehr müssen die Arbeiter im Betrieb verbringen. Acht Stunden – auch leichter Arbeit – können, das wissen wir alle, in trostloser, niederdrückender Umgebung eine Hölle sein.

Besonders wichtig aber ist für den Betrieb die

Ordnung der menschlichen Beziehungen.

Ein Betriebsleiter hat die Aufgabe, immer und überall seinen Mitarbeitern mit Rat und Tat zur Verfügung zu stehen!

Bei Mißständen muß er schnellstens Abhilfe, bei Unklarheiten Klarheit schaffen können.

Wie die Stimmung der Belegschaft ist, so ist ihre Leistung – darum soll der Chef nicht immer hinter dicken Türen sitzen oder sich hinter einem komplizierten Instanzenweg verschanzen.

Jedem Mitarbeiter muß der Weg zum Ohr des Chefs offenstehen!

Das gilt für JEDEN

Vorgesetzten

Er ist dafür verantwortlich, daß aus den Arbeitern und Angestellten Mitarbeiter werden. Unter ihnen wird sich dann ein Gemeinschaftsgeist entwickeln, ohne den eine gedeihliche Arbeit nicht zustandekommen kann.

Glauben Sie,

es spielt keine Rolle, ob z. B. der Lehrgeselle den Lehrling

so behandelt

Was hast Du denn da wieder für Mist gemacht? Kannst Du . . . nicht aufpassen? Grins' nicht so dumm! Der Bohrer ist kaputt — jetzt schau zu, wie Du fertig wirst!

oder **so**

Verdammt . . . den Bohrer abgebrochen? Na ja, das kann schon mal passieren. Schau mal her, so mußt Du ihn aufsetzen, genau senkrecht, dann geht's auch viel leichter. Laß den Kopf nicht gleich hängen, wirst den Dreh schon noch rausbekommen!

Menschen sind keine Automaten, die unter allen Bedingungen gleich arbeiten . . .

Der Mensch will seine Leistung anerkannt sehen,
will als Persönlichkeit gewertet und geachtet werden,
will Vertrauen genießen und Vertrauen schenken können,

will richtig behandelt werden!

Mit Menschen umgehen zu können –

das ist die wesentlichste Aufgabe des Vorgesetzten.

Er hat mehr als irgend ein anderer Gelegenheit, seine Umgebung

arbeitsfreudig oder mißmutig
zu stimmen.

Ob einer zum Vorgesetzten geeignet ist, hängt also nicht allein davon ab, daß er ein guter Fachkenner ist oder das nötige »Dienstalter« erreicht hat . . .

. . . nur der ist ein guter Vorgesetzter,
der **Menschenkenntnis** besitzt
und **Menschen richtig zu behandeln**
versteht!

Stellen Sie sich die Beziehungen zwischen dem Vorgesetzten und seinen Mitarbeitern als Telefonverbindung vor:

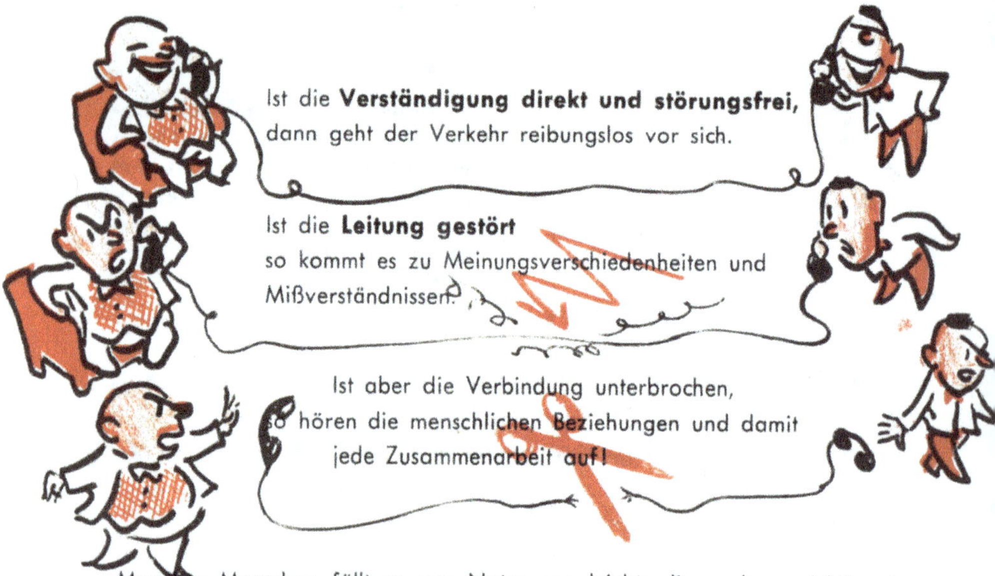

Manchen Menschen fällt es von Natur aus leicht, die anderen richtig einzuschätzen und zu behandeln, manche tun sich dabei schwerer.

Jedenfalls sind

Menschenkenntnis und

Menschenbehandlung

bis zu einem gewissen Grad erlernbar!

Entscheidende Voraussetzung dazu ist selbstverständlich die innere Bereitschaft und Aufgeschlossenheit.

Aber jeder von uns kann nie genug an sich arbeiten,
um sich zu vervollkommnen!

Wie erweitert der Vorgesetzte seine Menschenkenntnis?

1. **Durch Selbsterkenntnis.**

   Die Schwächen und Fehler der anderen bringen Sie zur Weißglut? Aber, aber – kennen Sie die Geschichte vom Glashaus und den Steinen nicht? Wie stehen S i e in den Augen Ihrer Mitarbeiter da? Was meinen Sie?

2. **Durch die Bereitschaft, auf andere einzugehen.**

   Wenn Sie immer allein reden – wie wollen Sie da die Ansicht der anderen kennenlernen? Zuhören ist so aufschlußreich . . . wenn auch nicht leicht erlernbar.

3. **Durch persönliche Bescheidenheit.**

   Sie sitzen gut auf Ihrem hohen Roß, nicht wahr? Nehmen Sie sich nicht etwas zu wichtig? Verstehen, was Ihre Mitarbeiter von Ihnen wollen, können Sie bei solcher Einstellung jedenfalls nicht!

4. **Durch Anteilnahme am Geschick der Mitarbeiter.**

   Was machen Sie denn für ein Gesicht? »Bin im Dienst!« Ihren »Menschen« haben Sie wohl zu Hause gelassen? Pech – »dienstlich« lernen Sie Ihre Mitarbeiter nie kennen!

5. **Durch gründliche Beobachtung der Menschen und Begebenheiten im Betrieb.**

   Daß die Störungsursachen im Betrieb gar nicht so vielfältig sind, haben Sie sicher schon herausgefunden. Immer wieder sind es dieselben Dinge, immer wieder die gleichen Leute, bei denen nichts klappen will. Das muß doch seine Gründe haben!? Denken Sie einmal darüber nach . . .

6. **Durch Selbstkontrolle und Selbstzucht.**

   Wie man in den Wald hineinruft, so schallt's heraus . . . Was Sie auch anordnen oder tun – hören Sie auf das Echo Ihrer Mitarbeiter! Muß es unbedingt an den anderen liegen, wenn Ihnen der Widerhall mißfällt?

7. **Durch Vermeidung voreiliger Schlüsse und Urteile.**

   Halt – nicht gleich explodieren! Erst nachdenken! Wenn es geht, dann überschlafen Sie Ihre Entscheidung noch einmal!

Noch eins: Seien Sie nicht voreingenommen. Irren ist menschlich und auch der erste Eindruck trügt gar nicht selten.

B e v o r Sie beurteilen, entscheiden, reden – ü b e r l e g e n Sie:

Welche besonderen Eigenschaften hat der Mensch, der Ihnen gegenübersteht?

In welcher inneren und äußeren Verfassung befindet er sich?

Was für Sorgen hat er?

Wie müssen Sie gerade diesem Menschen gegenübertreten?

Jeder Mensch ist anders.

Sie sind als Vorgesetzter nur dann in der Lage, Ihre Mitarbeiter gerecht, sachlich richtig und menschlich sinnvoll zu behandeln, wenn Sie jeden

individuell behandeln.

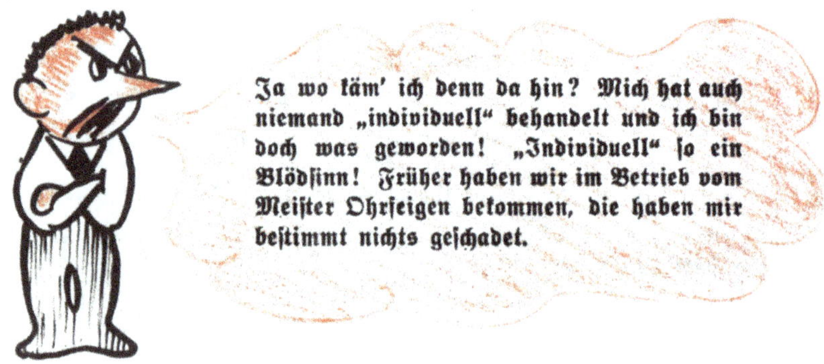

Bezweifle ich, vielleicht wären Sie ohne zuviel Ohrfeigen nicht so ein verbitterter Meckerer geworden.

Im Grunde wissen auch Sie recht gut:

Wer mit einem anderen Menschen gut auskommen will, muß ihn so nehmen, wie er ist!

Jeder Techniker, jeder Handwerker, muß sein Werkzeug und seine Arbeitsweise, **seinem Auftrag entsprechend** auswählen.

Dasselbe erwartet man von Ihnen als Vorgesetzter.

MENSCHENBEHANDLUNG

Entscheiden Sie selbst: Wie würden SIE lieber handeln und behandelt werden? Nur einige Beispiele:

LOB	oder	TADEL
Spreche ich den Mitarbeitern meine Anerkennung aus, wenn ich mit Ihnen zufrieden bin . . .		hören Sie nur von mir, wenn es etwas zu tadeln gibt?
OFFENHEIT	oder	VERSCHLOSSENHEIT
Wissen meine Mitarbeiter, was ich von Ihnen halte . . .		tappen Sie im Dunkeln und wissen nie recht, woran Sie sind?
MITARBEITER	oder	BEFEHLSEMPFÄNGER
Behandle ich meine Mitarbeiter unbefangen kameradschaftlich ...		sind Sie für mich nur Untergebene?
ORIENTIEREN	oder	GEHEIMNISKRÄMEREI
Unterrichte ich meine Mitarbeiter rechtzeitig über alles was Sie angeht . . .		teile ich Ihnen Wichtiges selten oder im letzten Augenblick mit?
ÜBERLEGUNG	oder	GEDANKENLOSIGKEIT
Prüfe ich vor schwierigen Entscheidungen gründlich . . .		folge ich auch hier nur meinen ersten Impulsen?
EINSICHT	oder	MANGELNDES VERSTÄNDNIS
Habe ich Verständnis für Wechselfälle im Leben meiner Mitarbeiter . . .		sehe ich alles nur von meinem Standpunkt?

WOHLWOLLEN	oder	MISSACHTUNG
Begegne ich meinen Mitarbeitern menschlich . . .		sind Sie für mich nur einzuordnende Faktoren?
GERECHTIGKEIT	oder	PARTEILICHKEIT
Bilde ich mir ein eigenes sachliches Urteil . . .		höre ich auf Einflüsterungen und Schmeicheleien?
ÜBERLEGENHEIT	oder	GEWALT
Behalte ich bei Konflikten Ruhe und Besonnenheit . . .		versuche ich mir durch Schimpfworte und Drohungen Gehör zu verschaffen?
VERTRAUEN	oder	ENTFREMDUNG
Kommen meine Mitarbeiter mit Ihren Sorgen zu mir . . .		haben Sie das Gefühl, daß ich keine Zeit für Sie habe und Sie nicht verstehe?

Nun, haben Sie sich die letzten Seiten gut angesehen?

Wie war Ihre Einstellung bisher?

Hat Sie unsere Gegenüberstellung nicht ein wenig nachdenklich gestimmt?

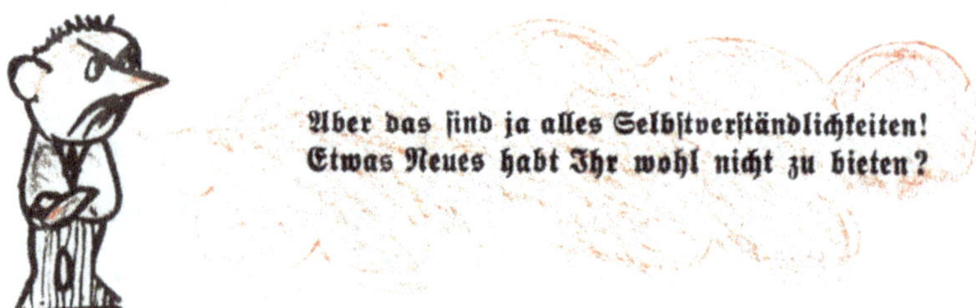

Nein, das wollen wir auch gar nicht!

Wir wissen doch alle: Der Mensch braucht ein ganzes Leben, um diese »Selbstverständlichkeiten« zu begreifen und anzuwenden – ein ganzes Leben, um zu lernen, Menschen *richtig* zu behandeln!

ALSO WAS MEINEN SIE .... ?

Geht es denn so nicht leichter, Kollegen?

Wer	hilfsbereit	*Wart' mal, ich faß mit an! Wenn Du den Brocken allein stemmen willst, mußt Du erst noch ein Stück wachsen!*
	zuverlässig	*Verd . . . Schon 5 Minuten vor 5 Uhr und noch 30 Abzüge! Nischt zu machen, Termin ist Termin — rin ins Vergnügen!*
	achtsam	*Mensch, hau ab mit der Zigarette vom Benzinlager! Ich bin noch nicht lebensmüde!*
	verträglich ist,	*Nee, mein Lieber — mich bringst Du nicht aus der Ruhe! Erstens hab' ich gut gefrühstückt und zweitens kann ich kein Blut sehen!*

gewinnt die anderen für sich und hilft mit,
daß alles im Betrieb glatter läuft.

Mit der schwierigsten Aufgabe,
mit der heikelsten Situation,
dem dicksten Schädel
werden Sie fertig.

Im übrigen aber . . . **auch der Chef und jeder Vorgesetzte ist ein Mensch mit eigenen Sorgen und Schwächen. Verdient er nicht auch gelegentlich Rücksicht?**

DAS WIRD NÄMLICH GERNE VERGESSEN!

Und schliesslich . . .

mit gutem Willen und Humor . . .

Nein, Herr Widerspruch!

Arbeit ist kein Fluch,

sondern das einzige ehrliche Mittel, um ein zufriedenes Leben führen zu können!

Arbeit ist keine Fron,

wenn Sie sich darüber im klaren sind, daß jede Ihrer Mühen Sie ein Stück im Leben vorwärts bringt!

Arbeit schafft Freude,

wenn Sie mit Leib und Seele bei der Sache sind!

SINNVOLLER ARBEITEN

ZUFRIEDENER LEBEN!

SIE FINDEN IM INHALT:

An dieser Aufgabe der RKW-Rationalisierungs-Gemeinschaft »Mensch und Arbeit« haben mitgewirkt:

Univ. Doz. Dr. Bornemann	Münster i. W.
Dr. Bräutigam	Forschungs-Institut für Arbeitspsychologie und Personalwesen (FORFA), Braunschweig
Dir. Ing. Dressel	Institut für Arbeitswissenschaft, Stuttgart
Dr. Dirks	FORFA, Düsseldorf
Dir. Dr. Ing. e. h. Frenz	Schieß-A.-G., Düsseldorf
Prof. Dr. Graf	Max-Planck-Institut (MPI), Dortmund
Prof. Dr. Hische	TH Hannover
Prof. Dr. Lehmann	Max-Planck-Institut (MPI), Dortmund
Prof. Dr. E. A. Müller	Max-Planck-Institut (MPI), Dortmund
Dipl. Ing. Penserot	Vereinig. Nordrh.-Westf. Arbeitgeberverbände, Düsseldorf
Dipl. Ing. Poppe	Verein Deutscher Eisenhüttenleute (VDEh), Düsseldorf
Dr. Ing. Schleip	Stuttgart
Gerhart Schretzmayr	Stuttgarter Arbeitskreis TWI, Frankfurt
Dipl. Ing. Spitzer	Max-Planck-Institut (MPI), Dortmund
Dr. Werner	Arbeitsgemeinschaft für Soziale Betriebsgestaltung (ASB), Heidelberg

Die redaktionelle Ausgestaltung besorgten:

Paul Arndt	München
Prof. Dr. Bernhard Herwig	Braunschweig
Dipl. Ing. Karl Gottwald Hetzer	Frankfurt
Dir. Adolf Jungbluth	Salzgitter
Dr. Helmuth Kreissel	Braunschweig
Dr. Fritz Reuter	München und Frankfurt
Dipl. rer. pol. Fritz Schilling	Salzgitter

Das Manuskript lag einer Reihe von praktischen Psychologen, Wissenschaftlern und Fachleuten führender Betriebe zur Begutachtung vor. Wir danken ihnen für die aus ihrer praktischen Betriebserfahrung gegebenen mannigfaltigen Ratschläge. Besonderer Dank gebührt:

Direktor Brandes	Hackethal Draht- und Kabelwerke AG, Hannover
Direktor Bremeier	Brunsviga Maschinenwerke AG, Braunschweig
Dir. Dipl. Ing. Haverbeck	Adler-Werke, Frankfurt
Prof. Dr. Hilf	Hamburg-Reinbeck
Prof. Dr. Huth	Landesarbeitsamt Südbayern
Dir. Dr. Ing. Knott	Siemens-Schuckert-Werke AG (SSW), Nürnberg
Dir. Dipl. Ing. Koehn	Allgemeine Elektrizitäts-Gesellschaft (AEG), Frankfurt
Dir. Dr. Kries	Maschinenfabrik Augsburg-Nürnberg (MAN), Augsburg
Dir. Dr. Lohse	Siemens-Halske und Siemens-Schuckert-Werke AG, München
Dir. Dr. Niemann	Kohlenbergbau
Dr. Potthoff	Wirtschaftswissenschaftliches Institut der Gewerkschaft, Köln
Dr. Schmekel	Vereinigte Glanzstoff-Fabriken AG, Wuppertal-Elberfeld
Dir. Dr. Schuster	Brown, Boveri & Cie-AG, Mannheim
Dr. Spengler	Betriebspsychologe, Vereinigte Glanzstoff-Fabriken AG, Wuppertal-Elberfeld

Die künstlerischen Arbeiten, (Original-Lithographie und Typographie), lagen in der Hand von H. v. Toscano, München.

Den Druck besorgte die Kunstdruckerei R. Malz, Donauwörth.

www.ingramcontent.com/pod-product-compliance
Lightning Source LLC
LaVergne TN
LVHW012020041026
849558LV00004B/179
9783486779851